Uschi Wieck

Dekorative Serviettentechnik

AUGUSTUS

Inhalt

Einführung

Haben Sie auch schon einmal im Kaufhaus vor dem Ständer mit den Papierservietten gestanden und über die ungeheure Auswahl an Motiven gestaunt? Viele davon sind fast zu schade, um sie nur beim Essen zu benutzen und danach sofort wegzuwerfen.

Mit einer neuen Technik können Sie ohne großen Aufwand Blumentöpfe und Spanschachteln, Blechdosen, Tabletts und viele andere Haushaltsgegenstände mit Ihren Lieblingsmotiven von Papierservietten dekorieren. Das Ergebnis wirkt verblüffend: Auf Anhieb gelingen Ihnen Modelle, die absolut professionell aussehen. Ergänzen Sie auf diese Weise Ihre Tischdekoration um einige perfekt passende Accessoires oder verleihen Sie unansehnlich gewordenen Gegenständen im Handumdrehen neuen Pfiff. Außerdem lassen sich in der Serviettentechnik Geschenke für jeden Geschmack herstellen.

Grundlage aller Deko-Ideen sind immer bedruckte, dreilagige Papierservietten, aus denen Sie die gewünschten Motive oder Motivteile ausschneiden oder ausreißen. Verwendet wird dabei nur die oberste Lage: Die beiden anderen Lagen sind unbedruckt und werden weggeworfen.

Mit farblosem Lack auf Wasserbasis werden die einzelnen Motive auf dem Untergrund fixiert und gleichzeitig versiegelt, sodass Sie die fertigen Objekte sogar feucht abwischen können. Auf diese einfache Weise können Sie Gegenstände aus Papiermaché, Holz (zum Beispiel Spanschachteln), Stein, Glas, Terrakotta, Hartschaum (Styropor),

Kunststoff oder verschiedenen Modelliermassen, ja sogar Kerzen dekorieren.

Die Modelle, die auf den folgenden Seiten beschrieben sind, sollen Ihnen als Anregung für eigene Projekte dienen.

Sicher bringt die Vielfalt der im Handel angebotenen Papierservietten Sie auf viele weitere Ideen für schöne Dinge, mit denen Sie Haus oder Wohnung schmücken, aber auch Familie und Freunde überraschen können.

Material und Hilfsmittel

Das wird gebraucht

Mischteller
Haarfön
Papierschere, klein
Nagelfeile
Schwammpinsel
Schwamm (selbst zurechtgeschnitten
  aus einem Haushaltsschwamm)
verschiedene Pinsel (Naturborsten)
Synthetikpinsel
Küchenkrepp
Filzschreiber, wasser- und wischfest
  (z.B. *Edding 400* oder *404*)

Farben:
Bastelfarbe (z.B. *Marabu Decormatt*)
  farbiger Lack (z.B. *Marabu Decorlack*)
Wasserlack, glänzend, matt oder seiden-
  matt (= transparenter Lack auf Wasser-
  basis, z.B. *Marabu aqua-Lack*)
Krakelierlack (z.B. von *Rayher* oder von
  Marianne-Hobby) nach Belieben

Papierservietten nach Wahl

Achtung! Werkzeug und Hilfsmittel wie
  Pinsel, Schwämmchen und Schere werden nicht bei jedem Modell eigens auf-
  geführt, um Platz zu sparen.

Grundtechnik

Grundieren Sie zunächst den Gegenstand, den Sie in der Serviettentechnik verzieren möchten, mit Bastelfarbe oder farbigem Bastellack und lassen Sie diesen Anstrich gut trocknen. Das dauert etwa 20 bis 30 Minuten. In dieser Zeit schneiden oder reißen Sie die gewählten Motive aus den Papierservietten aus und lösen jeweils vorsichtig die oberste Lage ab.

Tupfen Sie ein wenig Lack auf Wasserbasis in die Mitte der Stelle, an der Sie das Serviettenmotiv platzieren wollen, und legen Sie das Motiv auf. Durch den Lacktupfer wird es leicht fixiert. Tragen Sie nun mit einem weichen Pinsel Lack auf das Serviettenmotiv auf. Beginnen Sie damit in der Mitte und verstreichen Sie den Lack zu den Seiten des Motivs hin. Längliche Motive wie Ranken oder

• Tipp •

Weil alle hier verwendeten Farben und Lacke wasserverdünnbar sind, können Sie die Pinsel und Schwämmchen ganz einfach unter fließendem Wasser auswaschen. Die Hände reinigen Sie mit Wasser, Seife und einem Handbürstchen.

Bordüren heften Sie mit einem Tupfer Lack an einem Ende an und überstreichen sie zum anderen Ende hin mit Lack. Eventuelle Blasen, Falten oder Unebenheiten streichen Sie am besten äußerst vorsichtig mit Daumen, Zeigefinger oder Pinsel aus. Am einheitlichsten sieht Ihr Objekt aus, wenn Sie nicht nur die Stelle, an der das Motiv angebracht wird, sondern das ganze Stück lackieren. Fahren Sie aber nicht zu oft mit dem Pinsel über das noch feuchte Motiv, damit es nicht einreißt. Gegenstände, die im Freien stehen sollen, werden durch einen zusätzlichen Lackanstrich vor Feuchtigkeit geschützt. Lassen Sie jeden Lackanstrich gut durchtrocknen.

Durch die Krakeliertechnik (siehe »Profi-Tipp«, vordere Umschlaginnenseite) oder einen in der Schwammtechnik gemusterten Hintergrund (siehe Seite 10) gewinnt Ihr Werkstück noch mehr individuellen Charme.

• Tipp •

Mit dem Haarfön können Sie die Trocknungszeiten stark verkürzen.

Magnolienträume

Sehr romantisch wirken die großen und kleinen Magnolienblüten, die einen ganzen Raum verzaubern. Cremeweiß blühen sie auf einem Tablett, einem Pflanztopf, einer Spanschachtel, einer Kerze und Deko-Kugeln.

Tablett

Das wird gebraucht

Holztablett, 35 x 30 x 4 cm
Bastelfarbe, weiß, mittelgelb und antik-
  grün
Papierservietten mit Magnolienmotiv
Klarlack auf Wasserbasis

So wird's gemacht

Mischen Sie die weiße Bastelfarbe mit jeweils einer Spur Mittelgelb und Antikgrün und streichen Sie damit das Holztablett. Die Farbe muss mindestens 30 Minuten trocknen.

In der Zwischenzeit schneiden Sie die Magnolienblüten aus, nehmen vorsichtig die obere Lage ab und bringen sie nach der Trocknungszeit mit einem weichen Pinsel und Klarlack auf dem Tablett an (siehe Seite 7). Die Ränder der Motive streichen Sie mit dem Pinsel und mit den Fingern sorgfältig glatt.

Lassen Sie den Lack gut durchtrocknen und überziehen Sie das ganze Tablett anschließend noch einmal mit Klarlack.

Spanschachtel

Das wird gebraucht

Spanschachtel, quadratisch, ca. 14 x 14
  x 8 cm
Bastelfarbe, weiß, haut, antikgrün, olivgrün
Mattlack auf Wasserbasis

So wird's gemacht

Tönen Sie die weiße Bastelfarbe mit etwas hautfarbener und antikgrüner Farbe ab und grundieren Sie damit die Spanschachtel innen und außen. Den Rest des Deckels streichen Sie olivgrün. Die Farbe muss mindestens 30 Minuten trocknen.

Schneiden oder reißen Sie große und kleine Magnolienblüten aus einer Serviette aus, trennen Sie die oberste Lage vorsichtig ab und bringen Sie die Motive mit einem weichen Pinsel und Mattlack auf der Schachtel an (siehe Seite 7). Eine große Magnolienblüte prangt mitten auf dem Schachteldeckel, die kleineren Blüten umrunden die Spanschachtel.

Pflanztopf

So wird's gemacht

Grundieren Sie den Topf zunächst in Weiß und lassen Sie die Farbe mindestens 30 Minuten trocknen. Während dieser Zeit schneiden Sie die Magnolienblüten aus der Serviette aus und nehmen vorsichtig die oberste Lage ab.

Nach der Trocknungszeit fixieren Sie die Blütenmotive mit einem weichen Pinsel und Mattlack auf dem Pflanztopf (siehe Seite 7). Der Lack muss 30 bis 40 Minuten trocknen.

Die Innenseite des Topfes und der obere Rand werden in **Schwammtechnik** gestaltet. Verteilen Sie dazu etwas antikgrüne Bastelfarbe auf einer Palette oder einem alten Teller, drücken Sie ein Schwämmchen ganz leicht hinein und tupfen Sie überschüssige Farbe auf einem Blatt Küchenkrepp ab, damit sich auf dem Topf anschließend keine großen Flecken bilden. Anschließend setzen Sie mit dem Schwämmchen zarte Abdrücke auf die Innenseite des Pflanztopfes und auf den oberen Randwulst.

Lassen Sie die Farbe wieder 30 Minuten trocknen und überziehen Sie den ganzen Topf noch einmal mit Mattlack.

• Tipp •

Da die Tontöpfe porös sind und die Feuchtigkeit aus der Pflanzerde auf die Dauer das Serviettenmotiv von innen her angreift, sollten Sie die Tontöpfe, die Sie in Serviettentechnik gestaltet haben, nur als Übertöpfe verwenden.

Deko-Kugeln

Das wird gebraucht

Papierservietten mit Magnolienmotiv
Mattlack auf Wasserbasis
Satinband, weiß, 5 mm breit
Für die große Kugel:
Deko-Kugel aus transparentem Kunststoff, zweiteilig, 13 cm Ø
Bastelfarbe, weiß
Für die kleine Kugel:
Deko-Kugel aus transparentem Kunststoff, zweiteilig, 8 cm Ø
Bastelfarbe, weiß und olivgrün

So wird's gemacht

Bei diesen Kugeln werden die Serviettenmotive nicht außen, sondern innen angebracht. Wie bei der Hinterglasmalerei müssen Sie also zuerst das Motiv fixieren und anschließend den Hintergrund gestalten.

Schneiden Sie für die große Kugel zwei große Magnolienblüten, für die kleine Kugel mehrere kleine Blüten aus der Papierserviette aus und trennen Sie jeweils die oberste Lage vorsichtig ab. Dann geben Sie in jede der beiden Kugelhälften etwas Lack und legen ein großes Motiv oder mehrere kleine darauf. Mit einem weichen Pinsel und Mattlack überstreichen Sie die Serviettenmotive nun, wie auf Seite 7 beschrieben. Bei derartigen runden Objekten bilden sich an den Motivrändern kleine

Falten, die Sie mit den Fingern flach streichen können. Lassen Sie den Lack gut durchtrocknen.

Die Innenseiten der großen Kugel werden mit weißer Farbe ausgemalt, die der kleinen Kugel vor dem Ausmalen mit olivgrüner Bastelfarbe in Schwamm-technik strukturiert. Anschließend wird auch die kleine Kugel innen weiß bemalt. Lassen Sie die Farbe vollständig trocknen, bevor Sie die Kugeln zusammensetzen und Satinbänder zum Aufhängen anbringen.

Schmuckeier mit Märzenbechern

Ein exklusiver Schmuck für den Osterstrauß sind diese Eier, die mit Märzenbechern verziert sind. An einen bizarr geformten Zweig der Korkenzieherhasel gehängt, eignen sie sich auch als originelles Mitbringsel zum Osterbrunch.

Das wird gebraucht

Hühner-, Enten- oder Kunststoffeier, weiß
Papierservietten mit Märzenbechermotiv
Mattlack auf Wasserbasis
Satinband, weiß, 5 mm breit
Holzperlen, grün

So wird's gemacht

Schneiden Sie verschiedene Märzen-bechermotive aus den Servietten aus, nehmen Sie vorsichtig die oberste Lage ab und applizieren Sie die Blüten mit einem weichen Pinsel und Mattlack auf den Eiern (siehe Seite 7). Die Fältchen, die auf den Rundungen zwangsläufig entstehen, streichen Sie mit dem Finger glatt. Lassen Sie den Lack mindestens 30 Minuten trocknen.

Schneiden Sie ausreichend lange Stücke Satinband zu, legen Sie die Bänder zur Hälfte zusammen und ziehen Sie die Stücke mit einer Häkelnadel durch die Eier. Auf die unteren Enden fädeln Sie jeweils eine Holzperle auf und verkno-ten die Bandenden.

Echte Hühner- oder Enteneier können zerbrechen, wenn das Band durchgezo-gen wird. Binden Sie in diesem Fall lie-ber eine kurze Schlaufe aus weißem Zwirn an ein halbiertes Streichholz und schieben Sie das Streichholz ins Ei. Es legt sich im Inneren des Eies quer und kann nicht mehr herausrutschen. Durch die heraushängende Schlaufe können Sie dann problemlos ein Stück Satin-band ziehen.

● Tipp ●

Auf dieselbe Weise können Sie auch Kugeln oder Eier aus Hartschaum (Styropor) dekorieren. Styropor müs-sen Sie allerdings vor dem Aufbrin-gen der Serviettenmotive zweimal mit weißer Bastelfarbe grundieren, um die Poren des Materials zumin-dest teilweise zu schließen.

Kükenausflug

Die ersten warmen Sonnenstrahlen locken diese flaumigen Küken zu einem Ausflug nach draußen. Das Bild mit seinem naiven Charme schmückt Küche oder Kinderzimmer.

Das wird gebraucht

Holztafel, achteckig, 20 x 10 cm
Bastelfarbe, zartrosa, mittelgelb, weiß,
  zartblau, gelbgrün, karminrot
Papierserviette mit Kükenmotiv
Papierserviette mit Marienkäfermotiv
Mattlack auf Wasserbasis

So wird's gemacht

Grundieren Sie die Holztafel zunächst in den Farben des Himmels (siehe Abbildung) und lassen Sie die Farben 30 Minuten trocknen. Aus zwei verschiedenen Servietten schneiden Sie Küken- und Käfermotive aus und lösen jeweils die oberste Schicht vorsichtig ab. Applizieren Sie die Bilder mit einem weichen Pinsel und Mattlack auf der Tafel, wie auf Seite 7 beschrieben. Wenn der Lack nach mindestens 30 Minuten getrocknet ist, malen Sie mit einem feinen Pinsel kleine Blüten in die Wiese und lassen das Bild noch einmal gut trocknen.

Zum Schluss überziehen Sie alles zum Schutz mit einer weiteren Schicht Mattlack.

Mein Name ist Hase

Die Löffel dieses Hasen sind so lang, dass sie über den Rand des Blumentopfes hinaus reichen. Eine außergewöhnliche Idee, frohe Ostern zu wünschen!

Das wird gebraucht

Tontopf, 13 cm Ø am oberen Rand, 12 cm hoch

Bastelfarbe, zitron, weiß, mittelgelb, antikgrün, gelbgrün, olivgrün, karminrot, zartblau

Papierserviette mit großem Hasenmotiv

Mattlack auf Wasserbasis

Filzschreiber, wisch- und wasserfest, schwarz

So wird's gemacht

Tönen Sie die weiße Bastelfarbe mit etwas Zitron ab und grundieren Sie damit den Topf. Die Innenseite des Topfes und den oberen Rand streichen Sie mittelgelb und lassen den Topf 30 Minuten trocknen. Zupfen Sie das Hasenmotiv aus der Papierserviette aus und fixieren Sie es auf dem Topf, wie auf Seite 7 beschrieben. Die langen Ohren dürfen ohne weiteres den oberen Rand überlappen und sogar ins Innere des Topfes

hinein umgeschlagen werden. Lassen Sie den Lack ebenfalls 30 Minuten trocknen.

Mit einem feinen Pinsel malen Sie in verschiedenen Farben Gras und Blumen an den unteren Rand des Topfes und lassen die Farbe gut trocknen, bevor Sie den ganzen Topf mit einer zusätzlichen schützenden Schicht Mattlack überziehen.

Zum Schluss können Sie mit dem wisch- und wasserfesten Filzschreiber einige stilisierte Vögel an den »Himmel« malen und einen Ostergruß auf den oberen Rand schreiben.

Efeuranken

Es grünt so grün ... Hier werden ein schlichter hellgrauer Übertopf und eine Gießkanne aus weißer Keramik durch Efeumotive zu einem echten Blickfang für jedes Blumenfenster.

Übertopf

Das wird gebraucht

Papierserviette mit Efeumotiv
Übertopf, hellgrau
Mattlack auf Wasserbasis

So wird's gemacht

Schneiden Sie eine Efeuranke und eventuell einige einzelne Blätter aus der Papierserviette aus und lösen Sie vorsichtig die oberste Lage ab. Arrangieren Sie die Ranke gefällig rund um den Topf und heften Sie sie mit einigen Tupfern Lack an. Dann überstreichen Sie die Ranke mit Hilfe eines weichen Pinsels mit Lack (siehe Seite 7). Eventuell störende Lücken können Sie mit einzelnen Blättern ausfüllen, die Sie auf dieselbe Art anbringen.

Gießkanne

Das wird gebraucht

Papierserviette mit Efeumotiv
Gießkanne aus Keramik, weiß
Mattlack auf Wasserbasis

So wird's gemacht

Verfahren Sie, wie beim Übertopf beschrieben.

● Tipp ●

Für die Serviettentechnik eignen sich auch die einlagigen Japanservietten, aus denen Sie wie aus den üblichen dreilagigen Tissue-Servietten Motive ausschneiden können. Das Material ist besonders reißfest und die Motive lassen sich ohne Trennen mehrerer Lagen direkt auf beliebige Untergründe aufbringen.

Apfelblütenzeit

Das zarte Apfelblütenmotiv ist so hübsch, dass Sie gleich mehrere Gegenstände damit dekorieren sollten. Kerze und Übertopf passen perfekt zusammen, aber auch auf einer Spanschachtel oder einem Tablett sehen die Blüten mit den drolligen Hummeln sehr reizvoll aus.

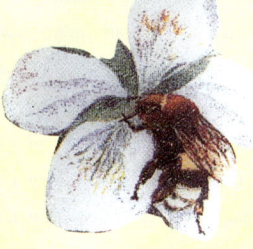

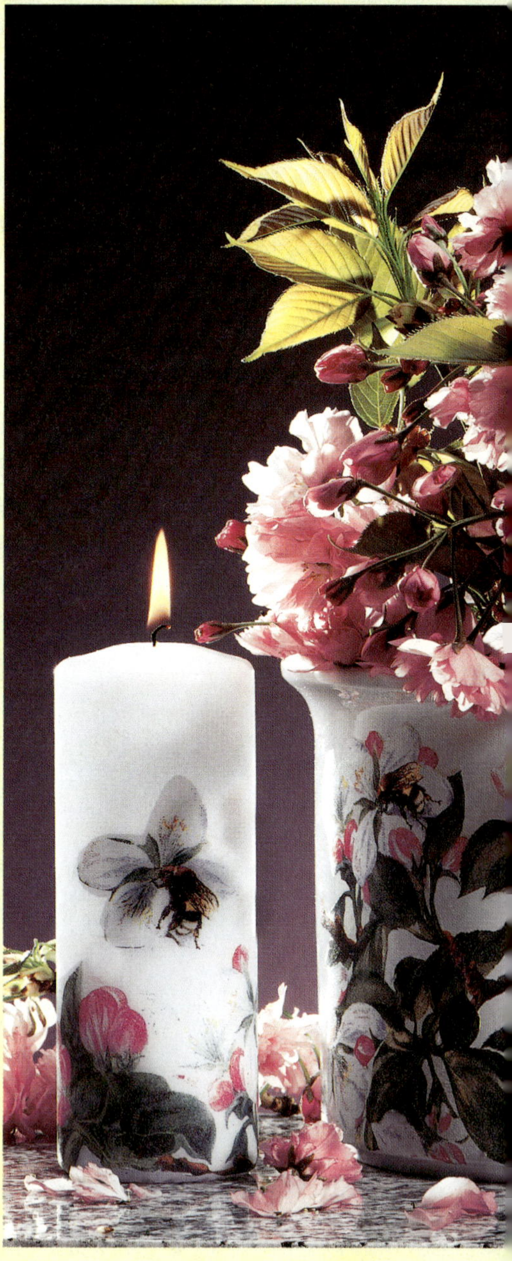

Übertopf

Das wird gebraucht

Übertopf, weiß, 19 cm Ø, 16 cm hoch
Papierserviette mit Apfelblütenmotiv
Mattlack auf Wasserbasis

So wird's gemacht

Den weißen Übertopf brauchen Sie nicht zu grundieren. Schneiden Sie die gewünschten Motive aus der Papierserviette aus und lösen Sie die oberste Schicht vorsichtig ab. Dann heften Sie jedes Motiv mit wenig Mattlack auf dem Übertopf an und überstreichen es zügig von der Motivmitte nach außen mit Lack (siehe Seite 7). Nach 30 Minuten ist der Lack trocken.

Kerze

Das wird gebraucht

Stumpenkerze, weiß, 6 cm Ø, 16 cm hoch
Papierserviette mit Apfelblütenmotiv
Mattlack auf Wasserbasis

So wird's gemacht

Motive ausschneiden, oberste Servietten-Lage abnehmen und wie auf Seite 7 beschrieben mit Pinsel und Mattlack auf der Kerze applizieren.

Schwein gehabt!

Dieses heitere ländliche Motiv bringt auch den größten Griesgram zum Lächeln. Buchstäblich eine »schöne Schweinerei«! Selbstverständlich können Sie statt des abgebildeten Motivs jede andere lustige rustikale Serviette verwenden.

Das wird gebraucht

Tontopf, 26 cm Ø am oberen Rand,
  22 cm hoch
Bastelfarbe, zartblau, gelbgrün, mittelgelb,
  weiß, metallic-blau
Papierserviette mit ländlichem Motiv
Mattlack auf Wasserbasis
Filzschreiber, wisch- und wasserfest,
  schwarz

So wird's gemacht

Grundieren Sie den Tontopf in Zartblau und den oberen Rand in Metallic-Blau. Die Farbe muss 30 Minuten trocknen. Inzwischen schneiden Sie das Serviettenmotiv aus und lösen vorsichtig die obere Lage ab.

Heften Sie die linke Seite des Motivs mit einigen Lacktupfern an und tragen Sie dann zügig mit einem weichen Pinsel Mattlack von links nach rechts auf (siehe Seite 7). Mit den Fingern verstreichen Sie den Lack äußerst vorsichtig in derselben Richtung.

Beim Fixieren eines derartig großen Motivs müssen Sie besonders sorgfältig arbeiten, damit das Bild nicht reißt. Sie können ein solches Motiv auch teilen und in mehreren Schritten auf dem Topf befestigen. Trotzdem misslingt der erste Versuch manchmal. Lassen Sie sich nicht entmutigen! Solange der Lack noch nicht trocken ist, können Sie das Serviettenmotiv mit einem feuchten Schwamm wieder ablösen und noch einmal von vorne anfangen.

Lassen Sie den Lack trocknen und tragen Sie anschließend eine zusätzliche Lackschicht auf, damit der Pflanztopf wetterfest wird.

Mit einem wisch- und wasserfesten Filzschreiber in Schwarz fügen Sie zum Schluss einige stilisierte Vögel in das Bild auf dem Topf ein.

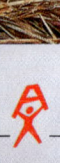

Bäriger Kinderkoffer

*Wer könnte diesem reizenden Reisebe-
gleiter widerstehen! In diesem Köffer-
chen können Kinder ihre vielen Kostbar-
keiten verstauen, die einfach überallhin
mitgenommen werden müssen.*

So wird's gemacht

Bei diesem Koffer wird das Serviettenmotiv im Inneren angebracht, ähnlich
wie bei den Deko-Kugeln von Seite
10/11. Schneiden Sie zwei Teddymotive
aus der Papierserviette aus, lösen Sie
die jeweils oberste Lage vorsichtig ab
und bringen Sie in jeder der
beiden Kofferhälften ein
Bild mit einem weichen
Pinsel und Mattlack an
(siehe Seite 7). Lassen
Sie den Lack mindes-
tens 30 Minute trock-
nen. Anschließend
malen Sie den ganzen
Koffer mit weißer
Bastelfarbe aus. Auch
diese Schicht muss
völlig trocken sein,-
bevor Sie den Koffer
schließen.

Das wird gebraucht

Kleiner Koffer aus transparentem Kunst-
  stoff
Papierserviette mit Teddymotiv
Mattlack auf Wasserbasis
Bastelfarbe, weiß

Strand und Meer

Urlaubserinnerungen wecken der Tontopf mit Strandmotiv und die passend dazu gestalteten Steine, die als Briefbeschwerer dienen oder ganz einfach so das Fensterbrett zieren.

Tontopf

Das wird gebraucht

Tontopf, 15,5 cm Ø am oberen Rand, 17 cm
  hoch
Bastelfarbe, weiß, hellblau, ultramarin,
  gelbocker, zitron
Papierserviette mit Strandmotiv
Mattlack auf Wasserbasis
Filzschreiber, wisch- und wasserfest,
  schwarz

So wird's gemacht

Stellen Sie die Farben für die Grundie-rung passend zu Ihrer Papierserviette zusammen und bemalen Sie den Topf von oben nach unten mit Himmel, Meer und Sand. Die Farbe muss 30 Minuten trocknen. Währenddessen schneiden und reißen Sie einzelne Motive aus der Serviette aus und trennen vorsichtig die oberste Schicht ab. Für den abgebilde-ten Topf wurden der Liegestuhl und die Muscheln ausgerissen, die Segelboote ausgeschnitten. Die Motivteile applizie-ren Sie mit Mattlack auf dem grundier-ten Topf (siehe Seite 7) und lassen den

Lack mindestens 30 Minuten trocknen. Anschließend überziehen Sie den ganzen Topf noch einmal mit einem schützenden Lackanstrich.

Zum Schluss können Sie mit dem wisch- und wasserfesten Filzschreiber einige Vögel an den »Himmel« zeichnen.

Steine

Das wird gebraucht

Große Kieselsteine
Bastelfarbe (siehe Tontopf)
Papierserviette mit Strandmotiv
Mattlack auf Wasserbasis
Filzschreiber, wisch- und wasserfest,
  schwarz

So wird's gemacht

Grundieren Sie zunächst die Steine farblich passend zu den Motiven, die Sie darauf anbringen wollen – für eine Meeresszene mit Booten nur in Blau-tönen, für ein Bild mit Liegestuhl auch in Sand- und Erdfarben. Dann verfahren Sie weiter, wie beim Tontopf beschrieben.

Wenn Sie auf diese Weise Reisemitbringsel für Familie und Freunde gestalten möchten, können Sie mit dem schwarzen, wasserfesten Filzschreiber beispielsweise den Namen Ihres Urlaubsziels auf den Stein schreiben. Mit Schriftzügen wie »Gruß von der Ostsee« entstehen Souvenirs, die herrlich nostalgisch wirken.

● Tipp ●

Tragen Sie den Lack auf den Serviettenmotiven zwar zügig, aber immer nur ganz dünn auf, damit sie sich nicht auflösen. Aus demselben Grund müssen Sie beim Glattstreichen mit den Fingern im wahrsten Sinne des Wortes Fingerspitzengefühl walten lassen. Ziehen und zerren Sie auf keinen Fall an der zarten Papierschicht!

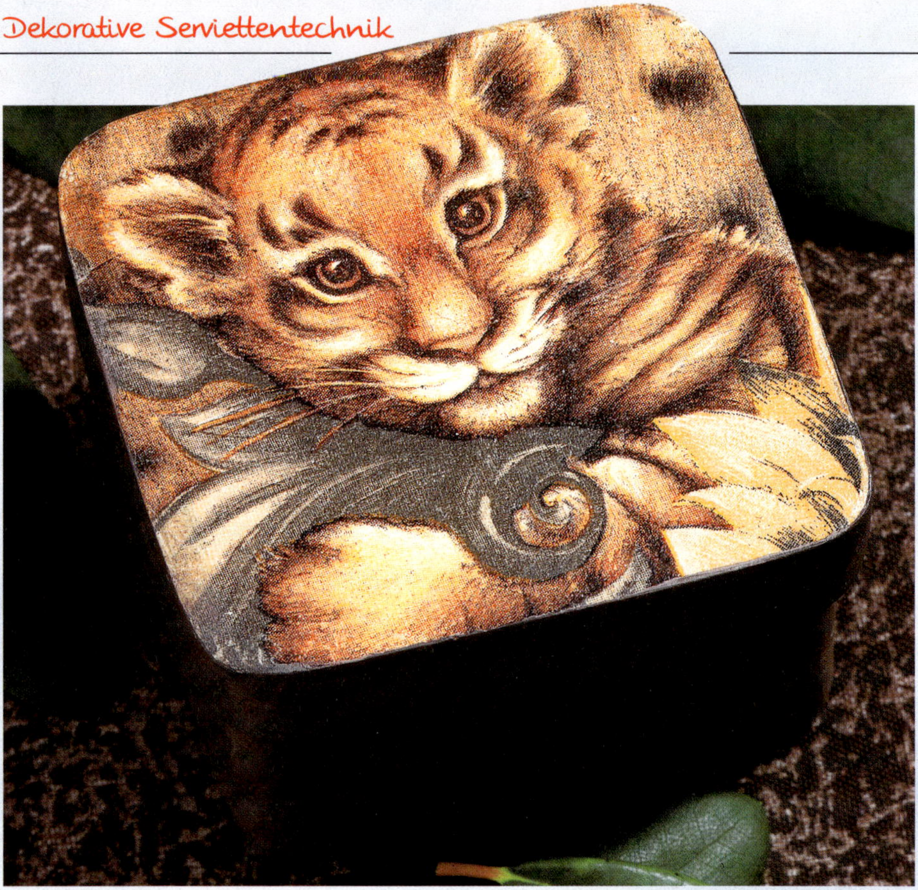

Tigerbaby

Das niedliche Tigerbaby auf der Spanschachtel bewacht geduldig Schminkutensilien, Schmuck, Haarspangen oder ihre Lieblingsfotos.

Das wird gebraucht

- Spanschachtel, quadratisch, ca. 9 x 9X x 6 cm
- Papierserviette mit Tigermotiv
- Mattlack auf Wasserbasis
- Bastelfarbe, gelbocker, weiß, haut, mittelbraun

So wird's gemacht

Schneiden Sie das Tigermotiv großzügig aus der Papierserviette aus, trennen Sie die oberste Lage vorsichtig ab und bringen Sie das Bild mit einem weichen Pinsel und Mattlack auf dem Deckel der Spanschachtel an (siehe Seite 7).

Lassen Sie den Lack gut durchtrocknen. Wenn er völlig ausgehärtet ist, schneiden Sie überstehende Motivteile grob mit der Schere ab und glätten die Ränder mit einer einfachen Sandblatt-Nagelfeile.

Erst danach bemalen Sie die Schachtel innen und außen mit einer bräunlichen Farbmischung, deren Ton zum Serviettenmotiv passen soll. Lassen Sie die Farbe gut trocknen, bevor Sie die Schachtel schließen.

Wenn Sie möchten, können Sie die ganze Schachtel abschließend mit einer schützenden Schicht Mattlack überziehen.

Blütenbox

Dieser Übertopf hat nur gute Seiten – und zwar lauter verschiedene. Verzieren Sie jede Wand des würfelförmigen Übertopfes mit einer anderen Blütenserviette.

So wird's gemacht

Für diesen Topf können Sie Ihre schönsten Blütenservietten verwenden. Die meisten davon dürften ohne zusätzlich Grundierung auf dem hellgrauen Übertopf gut zur Geltung kommen. Auf

Das wird gebraucht

Würfelförmiger Übertopf, hellgrau,
  ca.16 x 16 x 16 cm
Bastelfarbe, olivgrün, mittelgelb, weiß
Krakelierlack
Papierservietten mit 4 verschiedenen Blü-
  tenmotiven
Mattlack auf Wasserbasis

und Mattlack auf dem Topf, wie auf Seite 7 beschrieben. Lassen Sie den Lack gut trocknen. Wenn Sie möchten, können Sie bei Motiven wie dem Löwenzahn mit olivgrüner Bastelfarbe und einem feinen Pinsel Grashalme hinzufügen.

Ein abschließender Überzug mit Mattlack schützt den Übertopf beispielsweise vor Gießwassertropfen.

einer Seite des Topfes habe ich mit der Krakeliertechnik einen zusätzlichen Effekt geschaffen: Grundieren Sie zunächst eine Fläche, die etwas größer ist als das vorgesehene Motiv, in Olivgrün und lassen Sie die Farbe mindestens 30 Minuten trocknen. Anschließend übermalen Sie die olivgrüne Fläche mit Krakelierlack und lassen auch diese Schicht etwa 30 Minuten trocknen. Darüber tragen Sie eine Mischung aus mittelgelber und weißer Bastelfarbe in einer Strichrichtung auf. Achtung! Überstreichen Sie jede Stelle nur einmal! Schon während des Streichens beginnt die hellgelbe Farbe zu reißen. Dieser Prozess setzt sich in der folgenden Trocknungszeit von 6 bis 8 Stunden fort. Am besten lassen Sie den Topf über Nacht ruhen, bevor Sie daran weiterarbeiten.

Schneiden oder reißen Sie die gewünschten Motive aus den Servietten aus und trennen Sie jeweils die oberste Lage vorsichtig ab. Dann fixieren Sie die Blütenmotive mit einem weichen Pinsel

Blecheimer für den Garten

Ein solcher Eimer für den Garten sieht nicht nur hübsch aus, sondern macht sich auch auf vielerlei Weise nützlich: Er begleitet Sie zur Apfelernte, Sie können aber auch Handschaufel, Pikierholz und Rosenschere damit von Beet zu Beet transportieren oder Samentütchen darin aufbewahren.

Das wird gebraucht

Blecheimer, weiß, 26 cm Ø am oberen
 Rand, 27 cm hoch
Bastelfarbe, olivgrün
Papierserviette mit Apfelmotiv
Klarlack auf Wasserbasis

So wird's gemacht

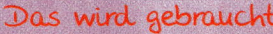

Auf eine Grundierung können Sie bei diesem Eimer verzichten. Schneiden Sie die gewünschten Motive aus der Papierserviette aus und lösen Sie vorsichtig die oberste Lage ab. Dann applizieren Sie die einzelnen Teile mit einem weichen Pinsel und Klarlack auf dem Eimer, wie auf Seite 7 beschrieben. Lassen Sie den Lack mindestens 30 Minuten trocknen.

Den Hintergrund, der nicht von den Apfelmotiven bedeckt ist, gestalten Sie mit olivgrüner Bastelfarbe in Schwammtechnik (siehe Seite 9/10, Pflanztopf) und streichen den oberen Rand des Eimers ebenfalls grün.

Wenn auch die olivgrüne Farbe getrocknet ist, überziehen Sie den ganzen Eimer zusätzlich mit einer schützenden Lackschicht, damit er wetterfest wird.

Stillleben

Das Stillleben im Stil der alten Meister sieht ganz so aus, als hätten Sie es von Hand auf den Deckel der Spanschachtel gemalt. Doch künstlerisches Talent ist hier gar nicht nötig: In der Serviettentechnik gelingen Ihnen die Schachtel und die passenden Glasuntersetzer leicht und schnell.

Spanschachtel

Das wird gebraucht

Spanschachtel, oval, 30 x 21 cm,
 9 cm hoch
Bastelfarbe, olivgrün, antikgrün, gelbocker
Papierserviette mit Stillleben
Mattlack auf Wasserbasis

Beim Fixieren des großen Bildes auf der Spanschachtel müssen Sie mit viel Fingerspitzengefühl vorgehen. Heften Sie das Motiv mit einigen Lackpunkten auf dem Deckel an und überstreichen Sie es dann mit einem weichen Pinsel von der Motivmitte ausgehend nach außen zügig mit Lack, bis es glatt anliegt. Achtung! Wenn das Papier der Serviette zu stark aufgeweicht ist, reißt es sehr leicht ein.

Lassen Sie das Bild gut durchtrocknen, bevor Sie die Schachtel benutzen oder verschenken.

So wird's gemacht

Grundieren Sie die Spanschachtel farblich passend zur Serviette. Beim abgebildeten Modell wurden die Farben zum Teil gemischt, aber auch in Schattierungen übereinander aufgetragen. Die Farbe lassen Sie mindestens 30 Minuten trocknen. Inzwischen schneiden Sie das Stillleben aus der Serviette aus und lösen die oberste Lage vorsichtig ab.

● Tipp ●

Sie können das Motiv auch teilen und in mehreren Arbeitsgängen auf die Spanschachtel aufbringen. Dann müssen Sie aber unbedingt jedes applizierte Teil antrocknen lassen, bevor Sie das nächste auflegen.

Glasuntersetzer

So wird's gemacht

Entscheiden Sie, welche Motivteile Sie
verwenden wollen, und grundieren
Sie die Holzuntersetzer entsprechend.
Während der 30-minütigen Trockenzeit
schneiden Sie die Motive aus und applizieren sie anschließend, wie bei der
Spanschachtel beschrieben, auf den Un-
tersetzern.

Das wird gebraucht

Glasuntersetzer aus Holz, 12 cm Ø
Bastelfarbe, olivgrün, antikgrün, gelb-ocker
Mattlack auf Wasserbasis

Überziehen Sie die Untersetzer abschließend mit einer zusätzlichen schützenden Lackschicht, damit sie resistent ge-
gen Feuchtigkeit werden.

Weihnachtsengel

Weihnachtliche Stimmung verbreiten die Engel auf der silbrig glänzenden Dose und einer festlichen Kerze. Verschönern Sie Ihren Adventstisch mit diesen Schmuckstücken oder bereiten Sie jemandem damit eine besondere Freude zum Nikolaustag.

Plätzchendose

Das wird gebraucht

Blechdose, metallic, ca. 20 cm Ø,
  9 cm hoch
Papierserviette mit Engelsmotiven
Mattlack auf Wasserbasis
Bastelfarbe, metallic-silber

So wird's gemacht

Reißen Sie vorsichtig beliebig viele Engelsmotive aus der Papierserviette aus, lösen Sie die oberste Lage sorgfältig ab und fixieren Sie die Motive mit einem weichen Pinsel und Mattlack auf der Dose und dem Deckel (siehe Seite 7). Lassen Sie den Lack mindestens 30 Minuten trocknen.

Die Zwischenräume zwischen den Engelsmotiven gestalten Sie in Schwammtechnik: Verteilen Sie etwas Bastelfarbe in Metallic-Silber auf einem alten Teller und nehmen Sie ein wenig davon mit einem Schwämmchen auf. Den Überschuss tupfen Sie sofort auf Küchenkrepp ab und setzen ganz zarte Abdrucke dicht an dicht auf die Dose und den Deckel. Auch diese Farbe muss mindestens 30 Minuten trocknen.

Überziehen Sie die Dose mit einer zusätzlichen Lackschicht, die Sie gut trocknen lassen, bevor Sie die Dose schließen.

Kerze

Das wird gebraucht

Stumpenkerze, weiß, 7 cm Ø,
  15 cm hoch
Papierserviette mit Engelsmotiven
Mattlack auf Wasserbasis

So wird's gemacht

Motive ausschneiden, oberste Serviettenlage abnehmen und wie auf Seite 7 beschrieben mit einem weichen Pinsel und Mattlack auf der Kerze applizieren.

Die Deutsche Bibliothek – CIP-Einheitsaufnahme

Ein Titeldatensatz für diese Publikation ist bei Der Deutschen Bibliothek erhältlich.

Autorin und Verlag danken den Firmen Marabuwerke GmbH & Co., Tamm, und IHR-Servietten (Ideal Home Range), Essen/Oldenburg, für die freundliche Unterstützung. – Ein ganz persönliches Dankeschön der Autorin gilt Steffi, Susi und Hannes.

Fotografie: Klaus Lipa, Diedorf bei Augsburg
Lektorat: Helene Weinold-Leipold, Aystetten
Umschlagkonzeption: Kontrapunkt, Kopenhagen
Umschlaglayout: Angelika Tröger
Reihenkonzeption: Kontrapunkt, Kopenhagen
Layout: Anton Walter, Gundelfingen

AUGUSTUS VERLAG, München 2000
© Weltbild Ratgeber Verlage GmbH & Co. KG.

Satz: Gesetzt aus 9,5 Punkt The Sans von DTP-Design Walter, Gundelfingen
Reproduktion: GAV Prepress, Gerstetten
Druck und Bindung: Offizin Andersen Nexö, Leipzig

Gedruckt auf 135 g umweltfreundlich chlorfrei gebleichtes Papier.

ISBN 3–8043–0857–0

Printed in Germany